BEI GRIN MACHT SICH IHR WISSEN BEZAHLT

AF167431

- Wir veröffentlichen Ihre Hausarbeit,
  Bachelor- und Masterarbeit

- Ihr eigenes eBook und Buch -
  weltweit in allen wichtigen Shops

- Verdienen Sie an jedem Verkauf

Jetzt bei www.GRIN.com hochladen
und kostenlos publizieren

GRIN

Definitionen und Fragetechniken des Coachings

Xenia Rosewood

Bibliografische Information der Deutschen Nationalbibliothek:

Die Deutsche Nationalbibliothek verzeichnet diese Publikation in der Deutschen Nationalbibliografie; detaillierte bibliografische Daten sind im Internet über http://dnb.d-nb.de abrufbar.

ISBN: 9783346890788
Dieses Buch ist auch als E-Book erhältlich.

© GRIN Publishing GmbH
Trappentreustraße 1
80339 München

Druck und Bindung: Books on Demand GmbH, Norderstedt Germany
Gedruckt auf säurefreiem Papier aus verantwortungsvollen Quellen

Das Buch bei GRIN: https://www.grin.com/document/1363301

SRH Fernschule – The mobile University

Fachbereich 4 – Soziale Arbeit und

Gesundheit Studiengang Psychologie (B.Sc.)

Einsendeaufgabe

Modul: Coaching

Kürzel: BCOACH

Alternative: A

Abgabedatum: 22.03.2020

Inhaltsverzeichnis

1. Teilaufgabe

Coaching: Begriff und Verständnis

Der Begriff „Coaching" wurde in den letzten Jahren sehr viel verwendet und inflationär benutzt. Überall wird mit Coaching-Angeboten geworben die von „Vocal-Coaches" über „Lebens-Coaching" bis hin zu „Diät-Coaches" führen. Diese inflationäre Nutzung des Begriffes führt dazu, dass die Seriosität von Coaching schnell angezweifelt wird, denn der Begriff und seine Verwendung sind nicht geschützt[1]. Die Vielfalt der Methoden und Ausbildungsangebote sind selbst für Coaches schwer zu durchschauen. Der Coaching-Markt hat sich in den letzten Jahrzehnten rasant entwickelt und ist nach wie vor stark in Bewegung. Nach Ergebnissen der ICF Global Coaching Study 2016 arbeiten etwa 53.300 Personen weltweit als professionelle Coaches. Allerdings gibt es auch ungeschulte Personen, die zusammen mit der Verwirrung im Markt, als eines der größten Hindernisse für die Etablierung der Branche gelten[2]. Positiv jedoch ist, dass neue Standards entstehen und stetig an der Qualitätssicherung gearbeitet wird. Dies geschieht vor allem durch vermehrte Angebote von Ausbildungsabschlüssen an Hochschulen und durch das Schützen von Titeln. Der Begriff „Coaching" leitet sich vom englischen Wort „Coach", im Deutschen „Kutsche" bzw. „Kutscher" ab und ist seit 1556 in der englischen Sprache nachgewiesen[3]. Daran lässt sich auch der wesentliche Kern von Coaching erklären. Coaching ist ein Hilfsmittel zum Ziel (wie eine Kutsche). Während des Prozesses (der Fahrt) entscheidet der Benutzer den Weg und das Ziel und der Coach/Kutscher kennt die Wege, kann Entfernungen und Reisezeiten einschätzen, sorgt für Pausen und versucht eine hohe Qualität zu bieten, er dient quasi als neutraler Reiseleiter[4]. Coaching hat seinen Ursprung in der Sportpsychologie und bezieht sich auf die Beratung und Betreuung eines Sportlers während des Trainings und des Wettkampfes. Wobei der Coach ein Partner, der den Coachee, also den Sportler, auf dem Weg zu Höchstleistungen begleitet. Timothy Gallwey gilt als der Gründer des Coachings. Er ist der ehemalige Captain des Harvard University Tennis Teams und schrieb 1975 das Buch „The Inner Game of Tennis", in welchem er Coaching als einen Ansatz aufzeigte, einen Sport zu lernen.

---

[1] Vgl. Richter-Kaupp S./Braun G./Kalmbacher V.: 2014, S. 10
[2] Vgl. International Coach Federation (07.2015), http://coachfederation.org/coachingstudy2016/
[3] Vgl. Fischer-Epe M.: 2007, S. 16
[4] Vgl. Fischer-Epe M.: 2007, S. 20-21

Während der 1970er Jahre fand ein Transfer des Begriffs aus dem Sport in die Wirtschaft und dieser entwickelt sich seither laufend weiter[5]. Mittlerweile hat sich Coaching als professionelles Beratungsinstrument für persönliche und berufliche Veränderungsthemen etabliert.

Es gibt keine eindeutige Definition von Coaching, durch die Vielfalt der Angebote und Anwendungsmöglichkeiten. Rauen liefert jedoch beispielsweise eine Definition von Coaching, die die wesentlichen Merkmale enthält, gleichzeitig allerdings der Vielfalt von Coaching noch Raum lässt: *„Coaching ist ein „Sammelbegriff" für individuelle Formen personenzentrierter Beratung und Betreuung auf Prozessebene. Zielgruppe sind Personen mit Führungsverantwortung und/oder Managementaufgaben. Generelles Ziel ist immer die Verbesserung der Selbstregulationsfähigkeiten („Hilfe zur Selbsthilfe") durch die Förderung von Selbstreflexion und -wahrnehmung, Bewusstsein und Verantwortung."* (Rauen C.: 2005, S. 508)

Es wird zwischen zwei Arten von Coaching differenziert: Dem organisationsinternen und dem organisationsexternen Coaching[6]. Beim externen Coaching wird ein Coach engagiert, der nicht der Organisation oder dem Unternehmen angehört. Die Vorteile hierbei stellen dessen Unabhängigkeit und Neutralität sowie die hohe Diskretion in diesem Setting. Hierdurch können auch Themen behandelt werden, die unter anderen Umständen als zu persönlich gelten würden. Eine große Bereitschaft zur persönlichen Öffnung des Coachees besteht, was eine wichtige Voraussetzung für ein fundiertes Coaching darstellt. Eine weitere Qualität des externen Coachs besteht in der „Kulturneutralität"[7] durch seine Nichtzugehörigkeit zur Organisation. Der Coach hat einen anderen Blickwinkel als die Angestellten des Unternehmens, was eine andere Sicht auf Probleme und deren Zusammenhänge bietet. Zudem bietet ein externer Coach eine enorme Geheimhaltung und Intimität, die teilweise bei internem Coaching nicht, in der gleichen Form, hergestellt werden kann. Zu der Zielgruppe von externen Coaches gehören meist Führungskräfte und Managementpositionen, die häufig weniger Feedback bekommen. Sie können sich jedoch mit beruflich relevanten aber auch sonstigen Themen an ihren Coach wenden.

Trotz all der Vorteile eines organisationsexternen bietet auch das organisationsinterne Coaching große Möglichkeiten und wird immer häufiger als Instrument der Personalentwicklung genutzt. Viele Unternehmen offerieren ihren Mitarbeitern die Möglichkeit mit einem Coach aus ihrer Personalabteilung zu arbeiten. Aufgrund ihrer speziellen Kenntnisse von organisationsspezifischen Abläufen und Insiderwissen haben interne Stab-Coaches bei der Bearbeitung von innerbetrieblichen Anliegen einen großen Vorteil. Beispielsweise bei aktuellen

---

[5] Vgl. Backhausen W./Thommen J.-P.: 2003, S. 20
[6] Vgl. Backhausen W./Thommen J.-P.: 2003, S. 210
[7] Vgl. Schreyögg A.: 2003, S. 201

Krisen, Führungsproblemen, Mobbing-Prozessen, kann ihr Insiderwissen den Einstieg ins Coaching, die Diagnose und die Lösungsentwicklung vereinfachen[8].

Beim organisationsinternen Coaching werden nicht immer speziell ausgebildete Coaches eingesetzt. Oft wird der eigene Vorgesetzte zum Coach. Kritisch zu sehen, ist die Tatsache, dass der interne Stabs-Coach als Angestellter oder Manager in der Organisation auch der Organisation verpflichtet ist und nicht nur dem Anliegen seiner Klienten, was schnell zu einer Anzweiflung seiner Neutralität führen kann. Eine weitere Schwierigkeit stellt, dass der Vorgesetzte nicht in die Intimsphäre des Mitarbeiters eindringen darf. Dies macht ein Coaching von bestimmten Anlässen unmöglich. Dies führt dazu, dass Coaching im eigentlichen Sinn durch den Linien-Vorgesetzten beziehungsweise die Führungskraft nicht leistbar ist und die Coaching-Tätigkeit eines Vorgesetzen vielmehr als zielgerichteter und entwicklungsorientierter Führungsstil im Rahmen eines definierten Personalentwicklungsplans zu betrachten ist[9].

Eine Kombination von externem Coaching und internem Coaching ist heute eine gängige Konstellation, da die Vorteile beider Rollenkonstellationen optimal genutzt werden können.

Mentoring: Begriff und Verständnis

Mentoring ist ein Begriff, den sicherlich schon jeder einmal gehört hat, doch nur Wenige können klar definieren, was dies ist. Viele haben das veraltete Bild vom alten Mann mit dem langen Bart und den weisen Ratschlägen vor Augen, aber hinter diesem Begriff steckt viel mehr. Allerdings gibt es, ebenfalls wie bei Coaching, selbst in der Fachliteratur verschiedene Definitionen und Verwendungen für den Begriff Mentoring. Der Begriff Mentoring beschreibt eine Form der Personalentwicklung, bei der eine erfahrene Vertrauensperson, der Mentor, seine Erfahrung nutzt, um einer Nachwuchsführungskraft, dem Mentee, Führung, Karriereratschläge und Unterstützung anzubieten. Seinen Ursprung hat der Begriff des Mentoring in der Antike, genauer gesagt in den griechischen Sagen und den Geschichten von Odysseus[10]. Später wurde der Begriff Mentor in der Fachliteratur verwendet und hat sich so zum Synonym für „Fürsprecher, Förderer, erfahrener Berater" (Duden, 2020) entwickelt. Das Mentoring-Prinzip durchzieht die verschiedenen Zeitepochen bis hin zur Gegenwart und gewiss auch in die Zukunft. Mentoring-Programme wurden zunächst in den 1970er Jahren in den USA als ein Instrument

---

[8] Vgl. Rauen, C.: 2005, S. 123
[9] Vgl. Rauen C.: 2005, S. 120
[10]Vgl. Graf N./Edelkraut F.: 2014, S. 3

der Personalentwicklung verankert[11]. In den achtziger Jahren befasste sich Kathy E. Kram mit ihrem Buch „Mentoring at work" (Kram, 1985) intensiv mit dem Prinzip des Mentorings. Im Jahr 2007 veröffentlichte sie eine hierauf aufbauende, zeitlich angepasste Version[12]. Der Kern des Begriffs ist, dass eine erfahrene Person ihr Wissen und ihren Erfahrungsschatz mit einer unerfahrenen Person teilt[13].

Es wird zwischen zwei Formen von Mentoring differenziert: Dem informellem und dem formellen Mentoring. Die häufigste Form des Mentorings ist das informelle Mentoring. Bei dieser Form entsteht die Tandem-Beziehung spontan und aus eigenem Antrieb, ohne die Vermittlung durch eine weitere Person oder Institution[14]. Die teilnehmenden Personen kennen sich, bereits aus dem privaten Umfeld oder lernen sich durch ein persönliches Netzwerk kennen. Der weitere Verlauf der Beziehung ist vollkommen individuell und richtet sich nach Bedarf, Vertrauensverhältnis und zeitlicher Möglichkeit. Der Mentor und sein Mentee bestimmen selbst die Häufigkeit und Themen ihrer Treffen. Bei formellem Mentoring beziehungsweise formellen Programmen wird der Kontakt gezielt hergestellt[15]. Das bedeutet für eine betriebliche Mentoring-Beziehung, dass die dritte Partei durch ein oder mehrere Unternehmen abgebildet wird und den Kontakt zwischen den teilnehmenden Personen herstellt. Weitere Anwendungsbereiche formeller Mentoringbeziehungen sind in Hochschulen, Behörden, Schulen und weiteren Bereichen zu finden. Die SRH Fernhochschule bietet beispielsweise ein Mentoring Programm an. Das formelle, institutionelle oder institutionalisierte Mentoring kann zudem in weitere Formen unterteilt werden[16]. Im betrieblichen Zusammenhang ist hierbei die Unternehmenszugehörigkeit ein wichtiger Faktor. Gehören Mentor und Mentee dem gleichen Unternehmen an, so wird dies als intern bezeichnet, bei unterschiedlicher Zugehörigkeit spricht man von externem Mentoring. Als besondere Form betont die Literatur in diesem Zusammenhang das Cross-Mentoring. Hierbei werden die Mentoring-Tandems aus zwei unterschiedlichen Organisationen über Kreuz gebildet.

---

[11] Vgl. Haghanipour B.: 2013, S. 125
[12] Vgl. Ragins B.R./Kram K.E.: 2007, S. 4
[13] Vgl. Junk A.: 2014, S. 12
[14] Vgl. Haghanipour B.: 2013, S. 121
[15] Vgl. Nerdinger F.W./Blickle G./Kalmbacher V.: 2011, S. 76
[16] Vgl. Haghanipour B.: 2013, S. 123-124

Abgrenzung von Mentoring und Coaching

Die Begriffe Mentoring und Coaching verschwimmen in der Literatur immer wieder mit weiteren Personalentwicklungsmöglichkeiten wie beispielsweise Supervision. An dieser Stelle möchte ich die Abgrenzung von Mentoring zum Coaching verdeutlichen.

Die Gemeinsamkeit der beiden Konzepte liegt darin, dass unerfahrene Personen von einer erfahrenen Person begleitet werden. Hierbei steht das Praxisfeld der unerfahrenen Person im Mittelpunkt. Die erfahrene Person (Mentor oder Coach) fungiert als Gesprächspartner und Berater; dies verhilft der unerfahrenen Person, eine eigene Lösung zu finden. Eine Musterlösung gibt es jedoch nicht, sondern ist immer von der individuellen Person abhängig. Die Tiefe beider Konzepte reicht nicht bis in den therapeutischen Bereich hinein, dies ist bei der Durchführung auch nicht vorgesehen. Weder Coaching noch Mentoring können jemals eine Therapie ersetzen.

Ein großer Unterschied der beiden Konzepte zeigt sich darin, dass die erfahrene Person beim betrieblichen Coaching in der Regel ausgebildet und qualifiziert ist, der Begriff Coach ist jedoch wie bereits vorher erwähnt keine geschützte Berufsbezeichnung[17]. Wird für die Maßnahme ein externer Coach gewählt, fallen oft hohe Kosten an. Beim Mentoring entstehen in der Regel nur geringe Kosten in Form des Zeitaufwands in der Bewerbungsphase und bei den organisierten Treffen. Der Mentor ist für die Personalentwicklung nicht speziell ausgebildet und nimmt aus eigenem Antrieb, ohne Vergütung, an dem Mentoring teil. Durch den unterschiedlichen Hintergrund und die Motivation ist die Beziehung beim Mentoring persönlicher als beim Coaching. Auch die Zielgruppen unterscheiden sich sehr: Mentoring nehmen meist junge oder neue Organisationsmitglieder in Anspruch, hierdurch zeigen sich hierarchische Unterschiede. Beim Coaching sind die Zielgruppe in der Regel Personen mit Managementaufgaben, wodurch der Coach und sein Klient eine gleiche Hierarchie-Ebene haben. Auch wenn es einige Übereinstimmungen zwischen den beiden Konzepten gibt, muss darauf geachtet werden, dass diese Begriffe nicht synonym verwendet werden.

---

[17] Vgl. Richter-Kaupp S./Braun G./Kalmbacher V.: 2014, S. 10

2. Teilaufgabe

„Formaler Vertrag"

Um Coaching erfolgreich und sinnvoll zu gestalten müssen bestimmte Rahmenbedingungen gegeben sein. Diese stellen die Formalien einer Beratungsbeziehung dar und regeln die Rechte und Pflichten der Beteiligten. Zum einen gehört ein „formaler Vertrag" zu den Bestandteilen der Rahmenbedingungen. Da Coaching eine Beratungsdienstleistung ist, benötigt es, wie jede andere professionelle Beratung auch, einen formalen Dienstvertrag. Bei diesem handelt es sich um einen Vertrag zwischen zwei Vertragsparteien. Eine Partei verpflichtet sich zur Leistung von bestimmen Diensten und die andere Partei zur Zahlung der vereinbarten Vergütung. Er dient dazu, die Rahmenbedingungen für die gemeinsame Arbeit festzulegen. Durch ihn gibt es eine Struktur und Handlungssicherheit für beide Seiten und gibt zum einen die Zielrichtung vor und bestimmt zum anderen die inhaltlichen Schwerpunkte und Grenzen des Coachings.

Die Elemente des formalen Dienstvertrags im Coaching sind[18]:

- die Anzahl, Dauer und Abstände der einzelnen Termine
- die Gesamtdauer des Coachings
- die Orte, an denen das Coaching stattfindet
- die am Coaching beteiligten Personen
- das jeweilige Setting
- die Geheimhaltungspflicht
- die Höhe des Honorars und die Aufwandsentschädigung für Spesen Haftungsfragen
- die Art der Rechnungsstellung und der Zahlungsweise
- Vereinbarungen über Kosten für kurzfristig abgesagte Termine
- das Thema, die Ziele und Inhalte des Coachings

Diese Bedingungen werden vor Beginn der Zusammenarbeit geklärt. Idealerweise werden auch schon prophylaktisch Konfliktregelungsmechanismen vordefiniert, auf die man in einer Notsituation zurückgreifen kann[19].

---

[18] Vgl. Rauen C.: 2005, S. 119
[19] Vgl. Rauen C.: 2005, S. 119

„Psychologischer Vertrag"

Außer dem formalen Vertragsbestandteil benötigt Coaching auch einen sogenannten „psychologischen Vertrag", der zwischen Coach und Klient mündlich vereinbart wird. Dieser bezieht sich anders als der fest fixierte, formale Vertrag auf die dynamischen Elemente des Coachings und definiert die individuellen Regeln der gemeinsamen Arbeit. Diese „Spielregeln" können während des Prozesses immer wieder auf Sinn und Aktualität geprüft und bei Bedarf angepasst werden[20]. Idealerweise werden diese Regeln gemeinsam von Coach und Coachee entwickelt. Es ist notwendig, dass der Klient seine Erwartungen und Wünsche deutlich macht, allerdings ist es Aufgabe des Coaches während des gesamten Prozesses, durch sein Expertenwissen, zu überprüfen, ob die Spielregeln für beide Parteien funktionieren. Zu Beginn der Zusammenarbeit sollte der Coach die Erwartungen des Coachees in Bezug auf die zu behandelten Themen erfragen. Zudem sollten zum einen über Bereiche gesprochen werden, die außen vor bleiben, also sogenannte Tabu-Themen. Des weiteren sollten Methodik, Haltung, Veränderungsbereitschaft, Wünsche, Befürchtungen, Risiken und Verantwortung geklärt werden. Dann liegt es an dem Coach, diese Erwartungen des Coachees mit seinen eigenen Bedingungen und Möglichkeiten abzugleichen und dem Klienten klar zu kommunizieren, was die Erwartungen und Grenzen seiner Arbeit sind. Sollte ein Coachee sich beispielsweise erhoffen, durch das Coaching „geheilt" zu werden und sich „behandeln zu lassen", sollte der Coach deutlich darauf hinweisen, dass der Coachee sich während des Prozesses selbst „kuriert", der Coach ihn auf diesem Weg „nur" begleitet und ihm Impulse für Veränderungen gibt. Die eigentliche Arbeit jedoch, also die aktive Veränderung, muss durch den Klienten stattfinden[21].

Die Aushandlung des psychologischen Vertrags ist kein Routinevorgang, sondern muss von Personen und Situationen in jedem Coaching variieren und auch die Beziehung zum Coachee muss individuell definiert werden.

Die Inhalte des psychologischen Vertrags umfassen meistens folgende Bereiche[22]:

- Die ideologische Orientierung von Coach und Gecoachten sollte harmonieren.
- Die Bereitschaft zum selbstkritischen Hinterfragen der eigenen Werte muss gegeben sein.

---

[20] Vgl. Rauen C.: 2005, S. 278
[21] Vgl. Rauen C.: 2005, S. 238
[22] Vgl. Rauen C.: 2005, S. 239

- Die Bereitschaft, das Ausmaß persönlicher Probleme anzuerkennen muss gegeben sein, insbesondere betrifft dies

  - die Bereitschaft zur objektiven Auseinandersetzung mit der eigenen Person und Situation,

  - die Bereitschaft, selbstverschuldete Probleme anzuerkennen und die Verantwortung dafür zu übernehmen,

  - den ernsthaften Willen, das eigene Verhalten zu ändern,

  - die Einsicht in die Notwendigkeit der Beratung,

  - Die Akzeptanz der Beratung durch den Coach.

- Die konkreten Erwartungen an das Coaching (Vorannahmen, Befürchtungen, Ziele).

- Die im Coaching einzusetzenden Techniken und Vorgehensweisen und der Umfang der angestrebten Veränderung.

- Die Grenzen im Coaching: Zum einen sollte der Coach erläutern, was mit einem Coaching erreicht werden kann, zum anderen sollte der Gecoachte klarstellen, wie weit das Coaching gehen darf und welche Bereiche nicht thematisiert werden („Tabuzonen").

Konkretisierung dieser anhand eines realitätsnahen Fallbeispiels

Ich möchte sowohl die Inhalte des „psychologischen" Vertrags aber auch des „formalen" Vertrags an einem Beispiel darstellen: Peter, 30 Jahre besucht einen Coach, weil er in seiner Karriere weiterkommen möchte und eine höhere Position in seiner Firma erlangen möchte. In dem formalen Vertrag einigt er sich mit seinem Coach auf 10 Coaching Sessions, mit jeweils einer Woche Abstand. Diese werden in dem Büro des Coaches stattfinden und es handelt sich um Einzelcoaching. Der Coach verpflichtet sich der Geheimhaltung und bekommt 100 Euro pro Sitzung, per Direktüberweisung. Jede Absage, die unter 24 Stunden ist, muss voll bezahlt werden. Das Ziel des Coaching ist es herauszufinden, welchen Job der Coachee annehmen möchte und wie ihm dies gelingt. Danach handeln Coachee und Coach den „psychologischen" Vertrag aus. Die ideologische Orientierung der beiden harmoniert perfekt und beide sind bereit, seine eigenen Werte kritisch zu hinterfragen. Der Klient erkennt sein Problem an und äußert seine konkreten Erwartungen an den Coach (er möchte gerne seinen Job wechseln und befürchtet für immer in dem jetzigen zu verweilen). Als Technik wird sich vor allem auf Fragen und Visualisierung konzentriert. Der Coach erläutert dem Klient, dass er ihm zwar helfen kann, die eigentliche Arbeit jedoch von dem Coachee selbst vollzogen werden muss und, dass er ihn nicht magisch in eine Richtung leiten kann. Dies ist seine Grenze des Coachings. Als Tabuzone einigen die beiden sich auf die Chefin, da diese seine Schwester ist.

3. Teilaufgabe

(Gute) Fragen und Fragetechniken im Coaching

Im Coaching sind Fragen essentiell, denn sie bewirken, dass sich die Aktivität verschiebt. War der Coachee bisher zum größten Teil in der Rolle des Zuhörers, wird mit hilfreichen Fragen aufgefordert sich Gedanken zu machen, diese in Worte zu fassen und Lösungen vorzuschlagen. Sie ermöglichen es demnach, zahlreiche Informationen vom Coachee zu erhalten, die für den Coach elementar sind um weitere Schritte planen zu können. Ziel ist darüber hinaus beim Coachee Denkprozesse anzuregen, die andere Sichtweisen und kreative Prozesse ermöglichen[23]. Der Coach lernt die subjektive Sicht des Coachee kennen und vermittelt ihm gegenüber Wertschätzung[24]. Dabei sollte der Coach in der Lage sein die unterschiedlichen Fragetechniken korrekt einzusetzen. Gute Fragen zu stellen ist eine der wichtigsten Kernkompetenzen des Coaches, der Klient entscheidet letztlich darüber, ob die Frage gut ist oder nicht. Fragen sind nicht gleich Fragen, sondern benötigen einer gewissen professionellen Fähigkeit, damit Fragen vom Coach gezielt eingesetzt werden. Durch die große Auswahl an professionellen Fragen für den Coaching-Einsatz, muss der Coach wissen, was er mit den Fragen erreichen will und welche Wirkung diese haben können. Besonders gut ist es, wenn der Coachee nicht sofort eine Antwort weiß, sondern erst darüber nachdenken muss. Häufig ist die erste Reaktion des Coachees auf eine bedeutungsvolle Frage: „Das ist eine gute Frage."

Im Folgenden werden die wichtigsten Techniken vorgestellt. Es gibt noch weitere Fragetechniken, auf diese wird jedoch im Rahmen dieser Einsendeaufgabe nicht eingegangen.

Geschlossene Fragen

Zunächst einmal die Klärung, welche Art von Fragen eher nicht oder nur bedingt ins Spektrum von professionellen Coaching-Fragen gehören: die geschlossenen Fragen. Geschlossene Fragen ermöglichen nur die Antworten ja oder nein und bieten sich erst dann an, wenn bereits Kenntnisse und Informationen über ein bestimmtes Thema vorliegen. Mit geschlossenen Fragen lassen sich die eigenen Annahmen überprüfen und bestimmte Aspekte eingrenzen[25]. Sie gehören nur bedingt in das Coaching, da sich wenig eignen, um ein Gespräch konstruktiv aufzubauen oder um eine Beziehung herzustellen. Deshalb werden sie auch als

---

[23] Vgl. Haberleitner E./Deistler E./Ungvari R.: 2007, S.75-76
[24] Vgl. Saller T./Sattler J./Förster C.: 2011, S.251
[25] Vgl. Hellmich R.: 2006, S.52

„kommunikationsschließende Fragen"[26] bezeichnet. Bei dieser Art von Fragen besteht schnell die Gefahr, dass sich der Klient wie in einem Verhör fühlt.

Beispiel: „Haben Sie das Projekt abgeschlossen?"

Offene Fragen

Offene Fragen ermöglichen umfassende Antworten und werden auch als W-Fragen bezeichnet, weil das Fragewort meist mit W beginnt. W- Fragen beispielsweise sind: Wer, wann, wie, wozu, woran, wohin, wo, wessen, was. Bei offenen Fragen ist die Situation gegeben, dass diese eine Beeinflussung des Coachees gering halten, dabei begibt sich der Coach in die Rolle des Nicht-Wissenden[27]. Der Coach erhält dadurch zahlreiche Informationen, die es anschließend nach Relevanz zu sortieren gilt um darauf aufbauend präzisere Fragen stellen zu können[28].

Beispiel: „Wie ist Ihre Meinung dazu? Wie beurteilen Sie...?"

Suggestive Fragen

Durch eine bestimmte und beeinflussende Wortwahl wird nahe gelegt, eine bestimmte Antwort zu geben, dabei wird versucht eine gewisse Meinung aufzudrängen (lateinisch suggerere = jemandem etwas unterschieben). Suggestivfragen sind für das Coaching daher weniger geeignet, denn diese manipulieren[29]. Daher sollte darauf unbedingt geachtet werden diese Fragetechnik nicht zu nutzen, denn sie verhindert ein selbstständiges und freies Denken.

Beispiel: „Denken Sie ebenfalls, dass Ihr Kollege am besten für das Projekt geeignet ist?"

Hypothetische Fragen

Mit hypothetischen Fragen kann der Coach den Coachee dazu bringen, sich bestimmte Dinge vorzustellen und agiert, als würden ihm bestimmten Eigenschaften und Möglichkeiten zur Verfügung stehen[30]. Mit hypothetischen Fragen lässt sich ein Perspektivenwechsel ermöglichen und die eigene Sichtweise erweitern: *„Hypothetische Fragen „verführen" den Mitarbeiter dazu, es sich zu erlauben, trotz dieser subjektiven, konstruierten Überzeugungen Alternativen zu durchdenken und dabei neue Betrachtungswinkel zu entdecken"* (Haberleitner, Deistler, Ungvari, 2007, S.79). Hypothetische Fragen haben das Ziel, den Coachee in die Situation des gelösten Poblems zu versetzen und dadurch im nächsten Schritt nach dem Verhalten und den Reaktionen des Coachees in der Zielsituation fragen. Häufig kann sich durch das

---

[26] Vgl. Radatz S.: 2006, S. 171
[27] Vgl. Hellmich R.: 2006, S.52
[28] Vgl. Niermeyer R.: 2007, S.121
[29] Vgl. Haberleitner E./Deistler E./Ungvari R.: 2007, S.84
[30] Vgl. Hellmich R.: 2006, S.53-54

Bewusstmachen wie der Klient sich bei Erreichen des Ziels verhalten würde, besser für oder gegen die Verhaltensweise in seiner Zielvorstellung entscheiden.

Beispiel: „Was würde passieren, wenn Sie eine andere Stelle annehmen? Stellen Sie sich vor, dass dies möglich wäre. Was wäre dann?"

Lösungsorientierte Fragen und die Wunderfrage

Lösungsorientierte Fragen lenken die Aufmerksamkeit des Coachees auf das, was zur Lösung eines Problems dienlich sein kann.

Beispiel: „Was müssten Sie tun, damit Sie Ihrem Ziel einen Schritt näher kommen?"

Auch die Wunderfrage ist lösungsorientiert: Sie schafft den Zugang zu einer Welt, die dem eigenen Wunschgedanken entspricht. Richtig gestellt, kann sie ein äußerst effektives Werkzeug darstellen und beim Coachee eine starke Resonanz hervorrufen. Der Vorteil bei dieser Frage ist, dass sie Gedanken ohne Umsetzungsdruck ermöglicht, da sie unrealistisch ist. Sie erzeugt positive Emotionen, da sie den Coachee dazu bringt sich eine Welt vorzustellen, in der bereits eine Lösung gefunden wurde[31].

Beispiel: „Angenommen, es geschieht nachts ein Wunder und am nächsten Tag wären all Ihre Probleme gelöst. Was würde das für Sie bedeuten? Wie würde Ihr Leben dann aussehen?"

Ressourcenorientierte Fragen

Dieser Fragentyp gehört auch zu den Fragen der Lösungsorientierung. Das Ziel der Ressourcenorientierten Fragen ist es, die Sichtweise auf das, was der Coachee zur Lösungsfindung mitbringt. Durch diese Fragen werden sowohl interne Ressourcen in Form von Kompetenzen und Fähigkeiten als auch externe Ressourcen wie Netzwerke oder Materialien aktiviert. Sie erzeugen eine leichte konstruktive Aufbruchsstimmung[32].

Beispiel: „Wie haben Sie ähnliche Situationen bisher gelöst und was hat Ihnen dabei genutzt?"

Zirkuläre Fragen

Zirkuläre Fragen stammen ursprünglich aus der Familientherapie. Diese Fragetechnik ermöglicht sich in andere Menschen hineinzuversetzen und fördert auf diese Weise ein besseres Verständnis für eine andere relevante Person[33]. So wird erreicht, dass der Coachee die Realität aus einer anderen Perspektive wahrnimmt und es werden die unterschiedlichen Beziehungen

---

[31] Vgl. Saller T./Sattler J./Förster C.: 2011, S.256-257
[32] Vgl. Gabrisch J.: 2010, S. 81
[33] Vgl. Hellmich R.: 2006, S. 55

untereinander verdeutlicht. Der Coach erhält nicht die wahre Ansicht der relevanten Person, sondern die wovon der Coachee glaubt es wäre diese[34].

Beispiel: „Was meinen Sie denkt der Kollege X über Ihr Problem?"

Konzept der dysfunktionalen Gedanken von Albert Ellis

Dysfunktionales Denken

Definition von dysfunktionalem Denken

Das dysfunktionale Denken ist ein selbst-schädigendes Denken, welches aufgrund irrationaler Überzeugungen zu dysfunktionalen Gefühlen und zu psychischen Störungen führen kann. Laut A. Ellis, liegt dem dysfunktionalem Denken eine Anspruchshaltung zugrunde, die geprägt ist von starkem Begehren und Präferenzen zu unrealistischen, übermäßig verallgemeinernden, selbst sabotierenden, absolutistischen „ Sollte", „ Müsste", „ Muss"[35].

Forderungen des dysfunktionalen Denkens

Forderungen lassen sich unter drei Hauptkategorien einordnen[36]:

1. Forderungen sich selbst gegenüber

Diese selbst-geschaffenen Gebote führen zu Gefühlen wie Selbsthass, Angst, Depression und Suizidalität. Solche Forderungen sich selbst gegenüber können Gedanken beispielsweise wie folgt annehmen: „Ich muss unbedingt, unter praktisch allen Bedingungen und zu allen Zeiten gute (oder hervorragende) Leistungen erbringen und die Anerkennung wichtiger Mitmenschen gewinnen. Wenn ich in dieser wichtigen – und geheiligten Hinsicht scheitere, ist das entsetzlich, und ich bin ein schlechter, unfähiger, unwürdiger Mensch, der wahrscheinlich immer versagen wird und der es verdient zu leiden."

2. Forderungen anderen gegenüber

Die auf andere Personen gerichtete Anspruchshaltung führt zu heftigen Gefühlen wie Ärger, Wut, Schmerz, Eifersucht, Selbstmitleid, Rachsucht, und so weiter. Diese Menschen möchten im Umgang mit anderen, von diesen jederzeit freundlich und rücksichtsvoll behandelt werden. Ansonsten betrachten sie Dritte, von denen sie nicht so behandelt werden als schlechte, unwürdige Menschen, die kein gutes Leben verdienen.

3. Forderungen der Welt gegenüber

---

[34] Vgl. Haberleitner E./Deistler E./Ungvari R.: 2007, S.81
[35] Vgl. Ellis A: 2008, S. 34
[36] Vgl. Ellis A: 2008, S. 34

Hier herrschen Vorstellungen von einer Umwelt und Lebensbedingungen vor, die unter ökono-
mischen, politischen und ökologischen Gesichtspunkten frei von Erschwernissen und Ein-
schränkungen sein sollte. Diese Haltung der Welt gegenüber führt zu einer niedrigen Toleranz-
schwelle Frustrationen gegenüber und zu Gefühlen wie Selbstmitleid, Verzweiflung, Wut, Depression und zu Verhaltensweisen wie Rückzug, Trägheit, Phobien und Süchten.

Irrationale Überzeugungen – die Grundlage des dysfunktionalen Denkens

A. Ellis behauptet , dass in unserer Gesellschaft wir alle „von unseren Familien und anderen
Institutionen indoktriniert werden, an abergläubige und unsinnige Ideen zu glauben." (A. Ellis,
2008, S. 133). Vor ihm haben dies auch schon zahlreiche Soziologen und Anthropologen do-
kumentiert. Sie weisen darauf hin, dass viele unserer „verflochtenen Ideale" (z.B. Erwerbssinn,
Bildung, Wissenschaft, ..) einfach als gut gelten und selten in Frage gestellt werden. Psycho-
analytiker wie E. Fromm, K. Horney, W. Reich sind der Ansicht, dass Vorurteile und gesell-
schaftlich vermittelter Aberglauben zu den Hauptursachen von Neurosen zählen[37].

Wann sind die Gedanken des Menschen irrational/dysfunktional?

Anhand der Aufzählungen zeigt sich, dass irrationale Gedanken unrealistisch, unlogisch und
absolutistisch sind, dass stark an ihnen festgehalten wird, selbst wenn sie unbeweisbar sind.

Hauptelemente irrationaler Überzeugungen sind:

1. übermäßige Verallgemeinerung

2. tautologische Schlussfolgerung

3. Übertreibung („das Alles-entsetzlich-Machen")

Anhand des folgenden Beispiels werden die aufgeführten Merkmale verdeutlicht.

„Weil ich dieses Mal elend versagt habe, werde ich immer versagen."

Dieser Satz beinhaltet eine übermäßige Verallgemeinerung, indem das Verhalten auch auf
zukünftige Situationen übertragen wird. Die tautologische Schlussfolgerung bedeutet in diesem
Beispiel: „Ich darf niemals versagen, und wenn ich etwas tue, dass ich nicht darf, bin ich ein
unfähiger, wertloser Mensch." (A. Ellis, 2008, S. 171) Dieser so denkende Mensch definiert
sich als inkompetent, wertlos, eventuell unwürdig und unfähig, Erfolg zu haben. Die Übertreibung, das heißt, „ das Alles-entsetzlich. Machen" besteht darin, das Versagen als entsetzlich zu

---

[37] Vgl. Ellis A: 2008, S. 133

definieren, welches praktisch von der Person nicht ertragen werden kann und somit neurotisierend wirkt.

Ursachen und Folgen dysfunktionalen Denkens

Präferenzen und Standards werden von fast allen Menschen von der Gesellschaft (Familien und Umwelt) übernommen. Diese Standards allein führen jedoch nicht zwangsläufig zur Entstehung dysfunktionaler Gedanken. Laut Ellis erschafft der Mensch zu diesen Zielen (Standards, Vorstellungen und Werten) absolutistische und unrealistische Forderungen, also dysfunktionale Gedanken, selbst. Er schafft sich „ Sollte", „Müsste" und „ Muss". Somit fügt er sich selber psychische Störungen zu. Dysfunktionale Gedanken führen dazu, dass Wünsche zu absoluten Forderungen werden. Absolute Forderungen erzeugen Druck, der sich in Spannungszuständen äußern kann. Es entsteht eine negative Selbst- und Fremdbewertung, das heißt, dass die Realität verzerrt wahrgenommen wird.

Die Rational –Emotive Verhaltenstherapie (REVT)

Albert Ellis entwickelte die Rational-Emotive Verhaltenstherapie, die neurotische Erkrankungen auf dysfunktionale Glaubenssätze und somit falsche Interpretationen von Umweltereignissen zurückführt. Die REVT geht davon aus, dass mit der Identifikation dieser dysfunktionalen Glaubenssätze und einer anschließenden Einstellungsänderung eine Gesundung möglich ist[38]. Mittelpunkt ist der Mensch als zielorientiertes und soziales Wesen, das daran leidet, von blockierenden Einstellungen und Gefühlen an der Erreichung von Zielen gehindert zu werden. Dabei wird durch Veranschaulichung veränderter Attributionen aufgezeigt, dass man diesem Leiden nicht hilflos ausgeliefert ist, sondern dass mit Hilfe der eigenen geistigen Kräfte gelernt werden kann, Gefühle und Verhalten aktiv zu verändern. Die Therapie setzt an Konflikten auf der Einstellungs-, Gefühls- und Verhaltensebene an. Die Rational-Emotive führte zur "kognitiven Wende" der Verhaltenstherapie und gilt als Pionieransatz der Kognitiven Verhaltenstherapie. REVT ist ein ganzheitlicher handlungsorientierter humanistischer Psychotherapieansatz mit dem Ziel emotionalen Wachstums: die Klienten werden ermutigt, ihre Gefühle bewusst zu erleben und auszudrücken, wobei der Zusammenhang von Denken, Fühlen und Handeln betont wird. REVT ist eine empirisch fundierte Psychotherapie, die auf die Lösung emotionaler Probleme und Verhaltensstörungen fokussiert, und die damit Menschen ermöglicht, ein zufriedeneres und erfüllteres Leben zu führen[39]. Ziel des Verfahrens ist es, die irrationalen Bewertungen

---

[38] Vgl. Rauen C.: 2005, S. 439
[39] Vgl. Ellis A: 2008, S. 138

zu erkennen und zu verändern. Dies soll dem Patienten idealerweise zu einer „rationaleren" Lebensanschauung verhelfen und ihn in die Lage versetzen, mit zukünftigen Problemen angemessen umgehen zu können. Dabei können eine Vielzahl von Störungen im psychischen und psychosomatischen Bereich, z.B. Depressionen und Ängste behandelt werden.

Grundlagen

Die Rational-Emotive Verhaltenstherapie baut auf dem sogenannten „ABC-Modell" auf. Ein auslösendes äußeres oder innerpsychisches Ereignis (A=*activating event, Adversity*), wie z. B. der Tod eines Familienangehörigen, wird aufgrund bestimmter bewusster oder unbewusster Überzeugungen, Bewertungsmuster, Einstellungen oder Lebensregeln (B=*beliefs* oder *belief systems*), die in der auslösenden Situation aktiviert werden, bewertet. Diese Bewertung kann rational, somit logisch und empirisch belegbar sowie situationsangemessen, oder irrational, also unlogisch und empirisch nicht belegbar sowie situationsunangemessen, sein. Als Konsequenz (C=*consequences*) auf diese Bewertung folgen dann emotionale Reaktionen und Verhaltensweisen (z. B. Trauer, Sorge, Angst), die bei vorheriger rationaler Bewertung zu gesunden Emotionen und zielförderlichen Verhaltensweisen bzw. bei irrationaler Bewertung zu ungesunden Emotionen und dysfunktionalen Verhaltensweisen führen.

Nach Ellis werden psychische Störungen durch „irrationale" Überzeugungen bzw. Bewertungsmuster bedingt. Als „irrational" bezeichnet man Überzeugungen, wenn sie subjektiv belastend sind und die Verwirklichung der eigenen Lebensziele behindern. Infolge einer unangemessenen Reaktion wird die irrationale Überzeugung in Frage gestellt (D=*disputation*) und es folgt eine kognitive Umstrukturierung (E=*effect*). „Rationale" Überzeugungen hingegen sind im Hinblick auf Emotionen und Verhaltensweisen hilfreich und zielführend.

Die von Ellis beschriebenen irrationalen Überzeugungen werden in vier Grundkategorien zusammengefasst[40]:

- **Absolute Forderungen**: Wünsche werden zu absoluten Forderungen („ich muss …", „die anderen müssen …"),

- **Globale negative Selbst- und Fremdbewertungen**: statt einzelner Eigenschaften, wird die ganze Person als minderwertig bewertet („ich bin wertlos/ein Versager …", „der andere taugt nichts …"),

---

[40] Vgl. Ellis A: 2008, S. 40-41

- **Katastrophisieren**: negative Ereignisse werden überbewertet („es wäre absolut schrecklich, wenn ..."),

- **Niedrige Frustrationstoleranz**: Glaube, negative Ereignisse nicht aushalten zu können („ich könnte es nicht ertragen, wenn ...").

Das ABC Modell der REVT

Um das Verhalten des Menschen zu verstehen, ist es wichtig, sich der Ziele im Leben eine Menschen bewusst zu werden. Hauptziele und Motive laut A. Ellis sind folgende[41]:

1. Der Wunsch, Vergnügen zu erlangen und Schmerz zu vermeiden

2. Der Wunsch, Erfahrungen zu begreifen und zu assimilieren

3. Der Wunsch, zu anderen Menschen in Beziehungen zu treten

4. Der Wunsch, ein integriertes Selbstsystem zu haben und die eigenen Charakterzüge als kompetent, erfolgreich und liebenswert einzuschätzen

5. Der Wunsch, Verstand zu verwenden

6. Der Wunsch, Lebensprobleme zu lösen

7. Der Wunsch, neue Erfahrungen zu sammeln

8. Der Wunsch, Stabilität und Sicherheit in der Arbeit und im gesellschaftlichen Leben zu erlangen. Die Ziele (G= goals), die gleichzeitig Grundhaltungen oder Überzeugungen und Emotionen sind, haben einen Einfluss darauf, wie Menschen Ereignisse wahrnehmen und wie sie bewerten. Zum Verständnis der ABC- Theorie von A. Ellis ist es zunächst notwendig die Platzhalter A, b und C zu erklären: „ A" steht für aktivierende Ereignisse, „ B" steht für das Überzeugungssystem (Belief System), „ C" steht für die Konsequenzen (Consequences). Wenn Menschen Reize oder aktivierende Ereignisse (A) erleben, die sie so erleben, dass die ihren Wünschen und Zielen entsprechen, reagieren sie bewusst oder unbewusst mit ihrem Überzeugungssystem (B) und ihren Konsequenzen (C) freudig und positiv. Sie erleben als emotionale Konsequenz (C) Freude oder Glück und als verhaltensbezogener Konsequenz (C) , auf das aktivierende Ereignis (A) zuzugehen oder und es zu wiederholen. Wird das aktivierende Ereignis (A) als blockierend erlebt, haben Menschen die Wahlmöglichkeit mit gestörten (ungesunden) oder ungestörten (gesunden) negativen Konsequenzen (C) zu reagieren. Wenn ihr Überzeugungssystem (B) rational und selbst-helfend ist , wird es Einstellungen beinhalten, die dem Menschen helfen, ihre Ziele zu erreichen. Die rationalen, funktionalen Überzeugungen bringen

---

[41] Vgl. Ellis A: 2008, S. 42-44

gesunde, emotionale Konsequenzen (C) hervor wie z.b. konstruktive Gefühle der Enttäuschung, Trauer, Frustration und ebenso gesunde , verhaltensbezogene Konsequenzen wie z.b. konstruktive Handlungen wie zu versuchen, aktivierende Ereignisse (A) , die die Ziele blockieren, zu verändern, zu verbessern oder ihnen aus dem Weg zu gehen. Im Gegensatz dazu reagieren Menschen mit irrationalen Überzeugungen auf aktivierende Ereignisse (A) , die ihre Ziele sabotieren mit dysfunktionalem Denken (B) und mit ungesunden, emotionalen Konsequenzen (C) wie Angst, Wut oder Depression und ihre verhaltensbezogenen Konsequenzen (C) können Panik, Aggression oder völliger Rückzug sein.

Methoden der REVT
In der REVT werden irrationale Überzeugungen bewusst gemacht, in Frage gestellt (Disputation) und mittels kognitiver Umstrukturierung verändert. Gleichzeitig werden die Gefühle intensiv erlebt und verändert. Mit Hilfe des sokratischen Dialogs werden Überzeugungen kritisch durch eine Auseinandersetzung mit 1. ihrer Zweckmäßigkeit, 2. Logik und 3. empirischen Belegbarkeit hinterfragt.

Der Therapeut stellt offene Fragen und versucht dem Patienten zu helfen, eigene Widersprüche zu erkennen. Auf die „ Muss" Forderung z. B. „ Ich muss erfolgreich sein!", könnte der Therapeut folgende Frage stellen: „ Warum muss ich gute Leistungen bringen?" Zusätzlich benutzt er Vorstellungsübungen (emotive Disputation) und Verhaltensübungen (behaiviorale Disputation), bei denen sich der Patient peinlichen Situationen aussetzt, um zu erfahren, dass die Befürchtungen nicht eintreten, z.B. mit erhobenen Händen durch die Fußgängerzone gehen

Der Therapeut versucht mit dem Patienten aktiv und direktiv zu erarbeiten, welche dysfunktionalen Gedanken mit den belastenden Gefühlen verknüpft sind und wie diese verändert und durch hilfreichere und funktionale ersetzt werden können. Zwischen den Sitzungen erhält der Patient Hausaufgaben, die dazu dienen, die neuen Einsichten in die Praxis umzusetzen (behaiviorale Disputation).

Anwendung und Vorgehensweise
Es gibt eine Unterteilung in Einzel- und Gruppentherapie. In der Therapie werden irrationale Überzeugungen bewusst gemacht, in Frage gestellt (Disputation) und im Sinne einer kognitiven Umstrukturierung verändert. Die Veränderung der Einstellungen erfolgt durch den sokratischen Dialog. Dadurch werden die aktuellen Überzeugungen kritisch durch eine Auseinandersetzung mit ihrer Zweckmäßigkeit, ihrer Logik oder ihrer empirischen Belegbarkeit hinterfragt (Disputation). Der Therapeut stellt offene Fragen und versucht damit, den Klienten anzuleiten, eigene Widersprüche zu erkennen. Dies geschieht mittels Vorstellungsübungen, in denen negative

Gefühle verändert werden. Es wird erarbeitet, welche Gedanken unmittelbar mit dem Auftreten der gegenwärtigen belastenden Gefühle verknüpft sind, welche kognitiven Verzerrungen speziell dem Teufelskreis der Sorgen, Zweifel, Spannungen, Befürchtungen, körperlichen Angst und Vermeidungsverhalten zugrunde liegen und wie diese selbstschädigenden dysfunktionalen kognitiven Schemata verändert werden können[42]. Hausaufgaben zwischen den verschiedenen Sitzungen dienen dazu, neue Einsichten in die Praxis umzusetzen. Eine Kombination mit weiteren Techniken aus dem emotiven, kognitiven und verhaltensbezogenem Bereich, auch aus anderen Therapieschulen, ist möglich und sinnvoll.

---

[42] Vgl. Ellis A: 2008, S. 40-41

Literaturverzeichnis

BACKHAUSEN, W./THOMMEN, J.P.: Coaching: Durch systemisches Denken zu innovativer Personalentwicklung, 3. Auflage, Gabler Verlag, Wiesbaden, 2006.

ELLIS, A.: Grundlagen und Methoden der Rational-Emotiven Verhaltenstherapie, Klett-Cotta Verlag, Stuttgart, 2008.

FISCHER-EPE, M.: Coaching: Miteinander Ziele erreichen, Rowohlt Taschenbuch Verlag, 4. Auflage, Hamburg, 2007.

GABRISCH, J.: Die Besten managen: Erfolgreiches Talent-Management im Führungsalltag, Gabler Verlag, Wiesbaden, 2010.

GRAF, N./EDELKRAUT, F.: Mentoring. Das Praxisbuch für Personalverantwortliche und Unternehmer, Springer Gabler Verlag, Wiesbaden, 2014.

HABERLEITNER, E./DEISTLER, E./UNGVARI, R.: Führen, Fördern, Coachen, 2.Auflage, Redline Verlag, Heidelberg, 2007.

HAGHANIPOUR, B.: Mentoring als gendergerechte Personalentwicklung. Wirksamkeit

HELLMICH, R.: Führen mit Coaching, BusinessVillage Verlag, Göttingen, 2006.

JUNK, A: 30 Minuten Mentoring, 6. Auflage, GABAL Verlag, Offenbach, 2014.

NERDINGER, F. W./BLICKLE, G./SCHAPER, N.: Arbeits- und Organisationspsychologie: mit 34 Tabellen, 2. Auflage, Springer Verlag, Berlin, 2011.

NIERMEYER, R.: Coaching: Ziele setzen, Selbstvertrauen stärken, Erfolge kontrollieren, 4.Auflage, Planegg Verlag, Haufe, 2007.

RADATZ, S.: Einführung in das systemische Coaching, Carl-Auer Verlag, Heidelberg, 2006.

RAGINS, B. R./KRAM, K. E. (Hrsg.): The handbook of mentoring at work: theory, research, and practice, Sage Publications, Los Angeles, 2007.

RAUEN, C. (Hrsg.): Handbuch Coaching, Hogrefe Verlag, 3. Auflage, Göttingen, 2005.

RICHTER-KAUPP, S./BRAUN, G./KALMBACHER, V.: Business-Coaching: wie man Menschen wirksam unterstützt und sich erfolgreich als Coach am Markt etabliert, GABAL Verlag, Offenbach, 2014.

SALLER, T./SATTLER, J./ FÖRSTER, L.: Beraten Trainieren Coachen, Haufe, Freiburg 2011.

SCHREYÖGG, A.: Supervision – Ein Integratives Modell. Lehrbuch zu Theorie und Praxis, 4. Auflage, VS Verlag für Sozialwissenschaften, Wiesbaden, 2004.

Internetquellen

International Coach Federation (Stand:15.03.2020), http://coachfedera-tion.org/coachingstudy2016/

Methoden und Mehr (Stand:20.03.2020), https://methodenundmehr.de/skalierung/